Helena Krez

Die Rolle der Frauen in der Herrenhuter Brüdergemeine unter der besonderen Berücksichtigung von Erdmuthe Dorothea von Zinzendorf

GRIN Verlag

Bibliografische Information der Deutschen Nationalbibliothek:

Die Deutsche Bibliothek verzeichnet diese Publikation in der Deutschen National-
bibliografie; detaillierte bibliografische Daten sind im Internet über http://dnb.d-
nb.de/ abrufbar.

Impressum:

Copyright © 2010 GRIN Verlag, Open Publishing GmbH
Druck und Bindung: Books on Demand GmbH, Norderstedt Germany
ISBN: 978-3-640-95138-3

Dieses Buch bei GRIN:

http://www.grin.com/de/e-book/174576/die-rolle-der-frauen-in-der-herrenhuter-
bruedergemeine-unter-der-besonderen

GRIN - Your knowledge has value

Der GRIN Verlag publiziert seit 1998 wissenschaftliche Arbeiten von Studenten, Hochschullehrern und anderen Akademikern als eBook und gedrucktes Buch. Die Verlagswebsite www.grin.com ist die ideale Plattform zur Veröffentlichung von Hausarbeiten, Abschlussarbeiten, wissenschaftlichen Aufsätzen, Dissertationen und Fachbüchern.

Besuchen Sie uns im Internet:

http://www.grin.com/

http://www.facebook.com/grincom

http://www.twitter.com/grin_com

Die Rolle der Frauen in der Herrenhuter Brüdergemeine unter der besonderen Berücksichtigung von Erdmuthe Dorothea von Zinzendorf

Inhaltsverzeichnis

1 Der geschichtliche Kontext

1.1 Zeitepoche

Nach den Religionskriegen sowie den Inquisitionen der Kirche, werden die Menschen gegenüber dem Glauben skeptisch und/ oder lehnen den Glauben ganz ab. Somit distanzieren sich die Wissenschaft, die Politik und das Geistesleben vom Christentum und der Kirche. [1]

Damit beginnt die Zeit der Aufklärung. Diese Zeit wird vor allem vom Denken und der Vernunft geprägt. Alte und überholte Vorstellungen und Ideologien werden versucht abzuschaffen und allein durch das Wissen, Denken und durch Tatsachen neu ersetzt. Damit verbunden ist vor allem auch das Zweifeln und Hinterfragen der Religion. [2]

1.2 Der kirchengeschichtliche Kontext

Der Pietismus gilt als Frömmigkeitsbewegung, der bereits im 17. Jahrhundert unter Johann Arndt seine Wurzeln findet, jedoch erst mit Phillip Jakob Spener in den 1670er Jahren den Durchbruch schafft. Das Anliegen ist die geistliche Erneuerung der lutherischen Orthodoxie[3] und der „Kampf gegen die Schäden der Aufklärung"[4].

1.3 Die Rolle der Frau im 18. Jahrhundert

Die Frau im 18. Jahrhundert hatte als Hausfrau, Ehefrau und Mutter zu dienen. Damit hatte sie auch dafür zu sorgen, dass es ihrem Mann zu Hause gefiel und er dort entspannen und ruhen konnte. Selbst zu arbeiten und damit Geld zu verdienen, war ihr verboten. Genau so wie die Meinungsäußerung in der Öffentlichkeit.

Normalerweise hatte sie selbst auch in anderen Lebensbereichen keine Entscheidungsfreiheit. Selbst die Wahl ihres Ehemannes wurde ihr meistens von ihrem Vater abgenommen. Sie war dem Ehemann jedoch nie ein wirkliches Gegenüber. Eine Frau zu sein, hieß vor allem, möglichst Kinder zu bekommen. [5]

Eine Frau wurde als die „Verführerin zum Bösen"[6] oder als das notwendige Übel angesehen. Dies zeigte sich im Umgang mit Frauen, da sie abgewertet, unterdrückt und missachtet wurden und ihren Männern Unterwürfigkeit zu leisten hatten. Die Abwertung der Frau wurde mit der Theologie belegt und gerechtfertigt. [7]

Zusammenfassend lässt sich sagen, dass die Frau im 18. Jahrhundert das „Objekt des Mannes"[8] war und ihm zu dienen hatte.[9]

---

[1] A. Sierszyn, 2000 Jahre Kirchengeschichte, Die Neuzeit, Bd. 4, Holzgerlingen 2000, 25.
[2] Vgl. Wikipedia, Zeitalter der Aufklärung, Verfügbar über:
http://de.wikipedia.org/wiki/Zeitalter_der_Aufkl%C3%A4rung#Typische_Merkmale_der_Aufkl.C3.A4rung,
Datum des Zugriffs: 05.05.10.
[3] Diese erstarrt geistlich und hat keine geistliche Lebendigkeit mehr.
[4] A. Sierszyn, a. a. O., 25.
[5] Vgl. Die Rolle der Frau im 18. Jahrhundert, Verfügbar über:
http://nibis.ni.schule.de/~lessing/www11a/les_frau/paedda.html. Datum des Zugriffs: 05.05.10.
[6] Vgl. H.-C. Hahn, H. Reichel (Hg.), Zinzendorf und die Herrnhuter Brüder, Hamburg, 1977, 9.
[7] Vgl. ebd., 292.
[8] P. Zimmerling, Starke fromme Frauen, Gießen, [4]2009, 9.
[9] Vgl. ebd., 9.

2 Die Herrenhuter Brüdergemeine

2.1 Die Anfänge und Entwicklung der Herrenhuter Brüdergemeine [10]

- **1722** – erste Flüchtlinge aus Mähren[11]; Entstehung einer Handwerkerkolonie[12]
- **Lutherischer Pfarrer in Berthelsdorf**: Johann Andreas Rothe
- **1723** – neue Flüchtlinge aus Mähren
- **Baupläne Zinzendorfs & wichtige Vorraussetzungen für seine Reich-Gottes Arbeit**: neue Häuser; Kirche erweitern; eine Landesschule für junge Adlige, die später für das Waisenhaus genutzt worden ist; ein Saal zur Versammlung; eine Druckerei zur Veröffentlichung eigener Werke
- **1726** – Aufruhr durch **Krüger**: gg. Pfr. Rothe und Zinzendorf; ganze Siedlung gg. Zinzendorf → will selbst hinziehen u für Ordnung schaffen[13]
- **1726** – **Tod der Großmutter von Zinzendorf**[14]; Zinzendorf muss nicht mehr in der Dresdner Landesregierung arbeiten, sondern kann sich ganz dem geistlichen Dienst widmen
- **1727** – **Einzug** in Herrenhut; **konfessionelle Spannungen**, **Spaltungen** und Uneinigkeit über die christliche Lebensführung u rechten Weg zum Heil
- **Mai 1727** – **Statuten**: Satzungen[15] von Zinzendorf für die Ortsgemeinde – kommunaler Art „Herrschaftliche Gebote und Verbote" und im bruderschaftlichen Miteinander „Brüderlicher Verein und Willkür"; [16] eine wichtige Satzung des bruderschaftlichen Miteinander ist, dass die Gemeinde alle Brüder und Schwestern sind, die allein von dem Erbarmen Gottes in Jesus Christus leben; damit spielen die verschiedenen Konfessionen keine Rolle mehr, sondern die Liebe untereinander[17]
- **13. August 1727** - **Geistlicher Geburtstag der Herrenhuter Brüdergemeine**: Einladung von Pfr. Rothe zum gemeinsamen Abendmahl in Berthelsdorf an alle Herrenhuter; Gebet für die gemeinschaftliche Not von Sektiererei und Trennung und für die Lehre der rechten Natur der Gemeinde Gottes; „Wir lernten lieben"[18]; die unterschiedlichen und trennenden Faktoren sind nicht mehr wichtig; gegenseitige Vergebung; Anrede ab jetzt mit Bruder und Schwester
- **1727** – **Auflösung der Landschule**, die nicht offen für den Geist der Erweckung in Herrnhut war und Eröffnung des Waisenhaus' in der Landschule[19]
- **1728** – **erste Losung** für die Singstunde zur Ermutigung, dann mündliche Weitergaben
- **1731** – erste gedruckte **Version der Losungen** und Verbreitung über Herrenhut hinaus
- **1732** – Mission unter schwarzen Sklaven auf St. Thomas (westindische Insel)
- **Januar 1733** – erste **Ausweisung** Zinzendorfs aus Herrenhut auf Befehl von August dem Starken[20], weil er die kaiserlichen Untertaten aus Böhmen und Mähren angelockt hätte

---

[10] Diese Ausführung bezieht sich, soweit nicht anders vermerkt, auf die Quelle E. Geiger, Erdmuth Dorothea Gräfin von Zinzendorf, Holzgerlingen [2]2001, 45-123.

[11] Aus der alten Brüderunität in Mähren, die unter der Bedrängnis der römisch-katholischen Kirche nach dem Dreißigjährigen Krieg (1618-1648) standen und aufgrund ihres Glaubens flüchteten.

[12] Vgl. J. O. Rüttgardt, Zinzendorf, Nikolaus Ludwig von, in: ELThG III, 1994, 2211-2213. 2212.

[13] Vgl. E. Beyreuther, Zinzendorf und die sich allhier beisammen finden, Marburg an der Lahn 1959, 167.178.

[14] Katharina Henriette von Gersdorf.

[15] Zur Fügung oder zum Verlassen von Herrnhut.

[16] Vgl. H.-C. Hahn, H. Reichel (Hg.), a. a. O., 68-80.

[17] Dazu Beyreuther: „Die Statuen … waren ein Meisterwerk. Sie haben den Aufbau Herrnhuts zu einem christlich-sozialen Gemeinwesen eingeleitet, das sich nach innen und nach außen bewährte." Vgl. Beyreuther, a. a. O., 186.

[18] H.-C. Hahn, H. Reichel, zit. bei Erika Geiger, a. a. O., 48.

[19] Vgl. E. Beyreuther, a. a. O., 235.

- **Mai 1733** – Rückkehr Zinzendorfs, da es unter Friedrich August II eine Duldung der Brüder in Herrenhut gibt
- **1734** – Zinzendorf geht trotz Widerstand in den **geistlichen Stand**
- **1736** – Reise nach Holland mit Erdmuthe und anderen aus Herrenhut, in der Herrenhut viele Freunde und finanzielle Unterstützung erhält
- **1736** – zweite **Ausweisung** aus Herrenhut: Zinzendorf sieht das Ganze als eine Ausbreitung und Stärkung der Brüdergemeine; das Exil für Zinzendorf ist die indirekte Aufforderung Gottes, **Mission** unter den Heiden mit einer **Pilgergemeinde** zu betreiben
- **1736** – Untersuchungskommission und weitere Duldung der Gemeinde
- **1737** – kurze Rückkehr von Zinzendorf erlaubt
- **Entstehung eines weltweites Netzwerk**: von Siedlungen, Gemeinden, Stützpunkten, Freundeskreisen[21]
- **1738** – Einzug ins **Schloss Marienborn**; Aufbau einer neuen Siedlung „Herrnhaag" – zweiter Wohnsitz neben Herrenhut
- **1741** - **Londoner Verlasskonferenz**: Zinzendorf will nach Pennsylvanien (Nordamerika); Verteilung der Aufgaben u Befugnisse (Generalkonferenz)
- **1742** – Erneuerung des Streiterehe-Gedankens
- **1743** – **Synode in Hirschberg**: Entwicklung zur eigenen mährischen Kirche → jedoch Zinzendorfs Idee, dass Brüdergemeine eine Erneuerungsbewegung innerhalb der Landeskirche ist, sonst Gefahr des Rufs einer Sekte; Generalkonferenz wird aufgelöst
- **1748** - **Bekenntnis zur Confessio Augustana:** 1749 staatliche Anerkennung in Sachsen als Augsburger Konfessionsverwandte mit freier Religionsausübung innerhalb der Landeskirche[22]
- **1748** – Theologisches Seminar in Herrnhaag
- **1743-1750** – **Sichtungszeit/ Prüfungszeit der Gemeine**[23]: besondere Anziehungskraft, Jugendkultur und Anziehungskraft auf viele junge Christen; schöpferischste Periode; neue Sprache; Kritik von Außen; daraufhin:
- **Schieflage in Herrnhaag 1748:** Christian Renatus von Zinzendorf wird Ältester und somit Leiter der Gemeine; er versagt aufgrund des Verniedlichungskults/ der Wundenbegeisterung/ der sinnlichen Christuserotik; später ruhige Jahre und innere Genesung und Anerkennung von Außen [24]
- **1750** – Räumung von Herrnhaag; nach drei Jahren ist die Siedlung leer und verfällt
- **1753** – Finanzkrise
- **1756** – Krankheit und Tod Erdmuthes
- **1757** – Heirat von Anna Nitschmann und Zinzendorf: zweite „Amtsehe"[25]
- **1760** – Tod von Zinzendorf

Zunächst ahmte Herrenhut die hallischen Einrichtungen nach, die Zinzendorf in seiner Jugend geprägt hatten. So verfolgte die Gemeine eine vom Pietismus beeinflusste gesetzliche Ethik. Später, ab ca. 1734, wuchsen sie jedoch immer mehr in die religiöse Eigenständigkeit, indem sie in Christus und in seinem Werk die Ethik der Gnade[26] erkannten[27]. [28]

---

[20] Kurfürst von Sachsen und König von Polen.

[21] J. O. Rüttgardt, a. a. O., 2212.

[22] Vgl. K. Heussi, Die Herrnhuter, in: Kompendium der Kirchengeschichte, Bd. II, Tübingen [12]1960 (1907), 399.

[23] Siehe Punkt 3.5 unter Blut- und Wundentheologie.

[24] Vgl. H.-C. Hahn, H. Reichel (Hg.), a. a. O, 162-163.

[25] J. O. Rüttgardt, a. a. O., 2212.

[26] In Jesus Christus ist jeder Mensch in jeder Entwicklungsstufe des Glaubens von Gott geheiligt und angenommen.

[27] Siehe dazu auch „Sichtungszeit" unter im Jahr 1743-1750.

[28] Vgl. D. Meyer, Zinzendorf, in: RGG 8, 2005, 1871-1874. 1871-1871.

2.2 Innere Struktur und der Inhalt der Gemeinde in Herrenhut [29]

- **Schwerpunkt:** Gemeinschaft[30]
- **Die Laienämter:** Seelsorge, Helfer, Lehrer, Ermahner, diakonische Almosenpfleger und Krankenwärter
- **Entstehung der Chöre:** zuerst Banden, später Chöre → Glaubens- und Lebensgemeinschaften getrennt in Geschlechtern und Stand: Frauen, Männer, Witwen, ledige Frauen, ledige Männer, Jungen, Mädchen, Kinder
- **Bewusste Teilnahme am lutherischen Sonntagsgottesdienst[31]**
- **das liturgische Leben:** alles sollte für Jesus und in seinem Namen getan werden, selbst das Schlafen und Aufstehen[32]
- **Entstehung von Handwerksbetrieben**
- **Entstehung des Waisenhauses**
- **Die Fußwaschungen**
- **Losungsbuch**
- **Mission:** in Pennsylvanien, St. Thomas, Grönland

2.3 Die Rolle der Frau in der Herrenhuter Brüdergemeine[33]

Konträr zu dem Verständnis einer Frau im 18. Jahrhundert in der Gesellschaft, heben sich das Ansehen und die Stellung der Frau in Herrenhut ab. In Herrnhut ist die Frau gleichwertig und gleichberechtigt, was auf Unverständnis der Gesellschaft stößt.

Damit ist die Frau von der Beschränkung auf Familie und Haushalt befreit und kann sich mit ihren Fähigkeiten und Gaben in der Gemeinde einsetzen. Dies ist vor allem möglich, weil die innere Struktur der Herrenhut mit ihren Banden und Chören dies erfordern. Kirchengeschichtlich gesehen wird wieder die urchristliche Stellung und Rolle der Frau und das Verhältnis zwischen Mann und Frau in der Kirche und Gesellschaft neu entdeckt und umgesetzt. [34]

Vor allem Zinzendorf hat eine hohe Meinung von Frauen und möchte gleiche Rechte für beide Geschlechter in der Gemeinde ermöglichen.[35] Er tritt gegen das Paulus-Wort, dass die Frau in der Gemeinde schweigen soll.
Seiner Meinung wurde dieses Wort oft missbraucht, da es nur einer Nation, nämlich den Griechen in ihrer Zeit und in ihren Umständen, galt. Damit waren die Frauen in den christlichen Gemeinden nicht zum Schweigen bestimmt, sondern durften aktiv am öffentlichen Gemeindedienst durch zum Beispiel das Beten und Weissagen teilnehmen. Weissagen definierte Zinzendorf als Wortverkündigung auch in Form einer Predigt. [36]
Jedoch blieb das Lehramt in den öffentlichen Versammlungen in Herrnhut für die Frauen verschlossen. Außerhalb jedoch und auf dem Missionsfeld, aber auch in der Arbeit unter Frauen und Mädchen praktizierten Frauen die Wortverkündigung.
Aber auch die anderen Ämter wie Seelsorge, Helfer, Ermahner, diakonische Almosenpfleger und Krankenwärter sollten ebenfalls von Frauen besetzt werden. Einige dieser Ämter hatten folgende Aufgaben:

---

[29] Diese Ausführung bezieht sich, soweit nicht anders vermerkt auf die Quelle E. Geiger, a. a. O., 48-52.
[30] Zitat von Zinzendorf dazu: „Ich statuiere kein Christentum ohne Gemeinschaft." zit. bei J. O. Rüttgardt, a. a. O., 2213.
[31] Vgl. J. O. Rüttgardt, a. a. O., 2212.
[32] Vgl. H.-C. Hahn, H. Reichel (Hg.), a. a. O., 209-215.
[33] Diese Ausführung bezieht sich auf H.-C. Hahn, H. Reichel (Hg.), a. a. O., 292-295, sofern nicht anders vermerkt.
[34] Vgl. P. Zimmerling, a. a. O., 20.
[35] Vgl. E. Geiger, a. a. O., 48-49.
[36] Vgl. P. Zimmerling, a. a. O., 19.

- **Seelsorgerinnen:** Seelsorge von Frau zu Frau, da es sonst problematisch werden kann und eine Frau, eine andere Frau besser versteht; Bandenhalterin (seelsorgerliche Kleingruppe)
- **Dienerinnen/ Helferinnen:** sie waren zuständig für Gäste und neu Gemeindemitglieder
- **Lehrerinnen:** Unterricht für neue Frauen, die in die Brüdergemeine eintraten; Konfirmandenunterricht für Mädchen; Unterricht von Lesen und Schreiben für Mädchen
- **Aufseherinnen:** schauten, dass die Gemeindeordnungen nicht übertreten wurden
- **Ermahnerinnen:** helfen und trösten, um wieder auf den richtigen Weg zu kommen und um nicht mehr unangenehm aufzufallen [37]

Diese Einbeziehung der Frauen in die Gemeindepraxis gehörte von Anfang an zu Herrenhut. Frauen sollten selbstständig und eigenverantwortlich mitreden und mitarbeiten. Nur so kann die Gemeinde lebendig sein, so Zinzendorf.[38] Andernfalls würde der Gemeinde ein Kleinod verlieren. Damit war es den Frauen auch erlaubt, ihre Stimme in den Gemeindeversammlungen zu vertreten, zu wählen und je nach Amt in wichtigen Fragen mit zu entscheiden. Sie wirkten auch in den gemeindeleitenden Versammlungen mit.[39]

1758 wurden vierzehn Presbyter in der Frauenarbeit ordiniert. Unklar ist jedoch, ob sie die Erlaubnis hatten, das Abendmahl zu verteilen. [40]

Trotzdem misstraut Zinzendorf den Schwestern und möchte ihnen nicht zu viel Selbstständigkeit gewähren. Das zeigt sich darin, dass die Schwestern keine Herrschaftsrolle in der Herrnhuter Gemeinde übernahmen. Die Oberleitung sollte weiterhin von einem Mann geführt werden, der jedoch, wie Zinzendorf betont, einfühlsam ist, gut mit den Schwestern umgehen und auf sie eingehen kann.

P. Zimmerling schreibt dazu jedoch ergänzend, dass die Frauenarbeit mit der Zeit ganz Frauensache war. Jedoch wurde nach Zinzendorfs Tod der öffentliche Dienst der Frauen eingegrenzt, da Herrnhut den Frieden mit der evangelischen Landeskirche suchte. Trotzdem wirkten die Frauen weiterhin in der Frauenarbeit und im Missionsdienst, das zu dieser Zeit völlig bahnbrechend war. [41]

Einer der bedeuteten Frauen in der Herrenhuter Brüdergemeine waren Erdmuthe Dorothea von Zinzendorf, Anna Nitschmann und Anna Helene/a Anders. Erdmuthe Dorothea von Zinzendorf und Anna Nitschmann sollen hier besondere Berücksichtigung finden.

---

[37] Vgl. ebd., 19-20.
[38] Vgl. ebd., 19.
[39] Vgl. ebd., 19.
[40] Vgl. ebd., 19-20.
[41] Vgl. ebd., 19-20.

3 Erdmuthe Dorothea von Zinzendorf [42]

3.1 Allgemeines

- Erdmuthe Dorothea von Reuß
- *7. November 1700 in Ebersdorf (thüringisches Vogtland)
- Eltern: Graf Heinrich X. von Reuß u Frau Erdmuthe Benigna, geb. von Solms-Laubach
- verheiratet mit N. L. Zinzendorf
- † 19. Juni 1756

3.2 Jugendjahre

- **Vater**: stirbt früh
- **Mutter**: starke und bestimmende Persönlichkeit, die die Regierung übernimmt; ist fromm u dem Pietismus verbunden; in ihrem Elternhaus lernt sie P. J. Spener kennen und wird von seinem Geist geprägt
- **Ebersdorf**: Haus-/ Schlossgemeinde
- **Erdmuthe**: wächst behütet und zurückgezogen auf; vom Pietismus bestimmten Atmosphäre; kein Tanz und kein Spiel, die in der Gesellschaft als Zeitvertreib dienten
- **Geschwister**: **Benigna**: fünf Jahre älter, bleibt ehelos, Benigna u Erdmuthe stehen sich nahe, Benigna ist eine geistliche Autorität für Erdmuthe und hilft ihr in Glaubenszweifeln, die sie im Endeffekt zur inneren Umkehr führen; **Heinrich der Neunundzwanzigste**: 1 Jahr älter, gute Beziehung zu Erdmuthe, macht sein Pädagogium in Halle bei Francke; später bester Freund von Zinzendorf
- **Unterricht**: in Griechisch und Latein
- **1711** – Einfluss von Hochmann von Hochenau (Wanderprediger) auf Erdmuthes Leben → Erkenntnis von der Freude einer lebendigen Beziehung zu Gott
- **1716** – Entwicklungsstörungen an Wirbelsäule; Erdmuthe muss nach Dresden zur Kur
- **1716** – nach der Kur: Einführung in die Haushaltsführung und Hauswesen in Berthelsdorf (wirtschaftliche u verwaltungstechnische Aufgaben)
- **1721** – erste Besuche Zinzendorfs in Ebersdorf: er ist begeistert von der Erbauungs- und Lebensgemeinschaft in Ebersdorf, weil verschiedene Konfessionen zusammenleben und das Ziel haben, ganz mit und in Jesus zu leben; Erdmuthe u Zinzendorf lernen sich besser kennen

3.3 Verlobung und Ehe

Verlobung: 16. August 1722
Heirat: 07. September 1722 in Ebersdorf

3.3.1 mit N. L. von Zinzendorf

- **Aufgewachsen:** bei Großmutter Henriette Katharina von Gersdorf im Schloss Großhennersdorf in Oberlausitz; Vater starb kurz nach Geburt des Sohnes; Mutter ist wieder verheiratet und viel auf Reisen; Großmutter ist überzeugte Christin und gehörte zu Speners Kreis in Dresden

---

[42] Die Ausführungen beziehen sich, soweit nicht anders vermerkt, auf die Quelle E. Geiger, a. a. O., 13-127.

- **Glaube:** seit der frühen Kindheit den Umgang mit dem Heiland umzugehen erlebt und übernommen; die Liebe zu Jesus Christus bestimmte sein Leben
- **Herzenswunsch:** Theologie studieren, aber der Wunsch wurde von der Familie nicht erlaubt, da es für einen Adligen nicht gehört, einen geistlichen Stand auszuführen; Familie möchte, dass er Jura in Wittenberg studiert und später in den Staatsdienst eintritt

3.3.2 Lebensentwurf „Streiterehe"

In dieser Ehe soll es nicht um das persönliche, menschliche Glück gehen, sondern die gemeinsame Arbeit für das Reich Gottes. Dabei soll die Frau die verwaltungsmäßigen, wirtschaftlichen und familiären Aufgaben übernehmen und ihren Mann somit die Freiheit geben, Jesus zu dienen. Dafür will er Erdmuthe mit nach Dresden bzw. auch Berthelsdorf[43] mitnehmen und dort seinen Zukunftstraum einer Schlossgemeinde zu verwirklichen.

Weil Erdmuthe diese Überzeugung versteht und sie teilt, ist sie bereit diese Ehe einzugehen. Sie weiß, dass die Nachfolge Jesu auf Opferbereitschaft und Verzicht bedeutet.

3.3.3 Kinder[44]

Erdmuthe brachte 12 Kinder zur Welt, von denen 8 im Säuglings- oder Kinderalter starben. Ein Sohn starb mit 25 Jahren.

- * 1724 Christian Ernst † 1724 – sein Tod brachte eine innerliche Verbindung Großmutter Zinzendorfs und Zinzendorfs Familie
- * 1725 Benigna Justine
- * 1727 Christian Renauts † 1752 – der Tod trifft Erdmuthe sehr schwer, sie fällt in eine Art Depression
- * 1728 Christian Friedrich † 1728
- * 1732 Johann Ernst † 1732
- * 1730 Theodore Caritas † ca. 1733 – religiöse Frühreife
- * 1733 Christian Ludwig † 1736 – religiöse Frühreife; es fällt Erdmuthe schwer, Gottes Willen anzunehmen
- * 1735 Maria Agnes
- Anna Theresia † 1738
- David † 1742 - gibt der Pilgerschaft die Schuld, weil sie dadurch von ihnen getrennt ist; trotzdem ist Erdmuthe für andere da
- *1740 Elisabeth

Im 18. Jahrhundert ist die Kindersterblichkeit sehr hoch und die Kinderkrankheiten und Epidemien lassen sich kaum bekämpfen. Erdmuthe ist eine sehr liebevolle Mutter, die der Verlust ihrer Kinder sehr trifft. Es ist eine sehr harte Zeit für sie – körperlich und seelisch. Doch aufgrund ihrer vielen Verpflichtungen, kann sie sich nicht selbst um die Erziehung der Kinder kümmern. Für die Erziehung hat sie Kindermädchen und Erzieherinnen im Haus, wie zum Beispiel Anna Nitschmann.

---

[43] Dieses Gut wird Zinzendorf von seiner Großmutter preiswert erworben, die ihm das Leben in Dresden im Staatsamt als Justizrat in der Dresdner Landesregierung versüßen wollte.
[44] Diese Ausführung bezieht sich auf die Quellen E. Beyreuther, Zinzendorf und die sich allhier beisammen finden, a. a. O., 140.152.229-232 und E. Geiger, a. a. O., 42.52-54.109.111.

3.4 Erdmuthes Aufgaben und Mitwirken an der Reich-Gottes-Arbeit in Herrenhut[45]

- **Verwaltung & Wirtschaft:** Erdmuthe übernimmt zum Beispiel die finanzielle Verantwortung und Planung der Bauprojekte Zinzendorfs (Kredite, Schuldenbegleichung), die sonst unmöglich wären und entwickelt einen sicheren Geschäftsinn; Zinzendorf kann nicht gut mit Geld umgehen[46]
- **Leitung:** Parallelleitung - der Graf ist für die Leitung der Brüder und die Gräfin für die Leitung der Schwestern verantwortlich
- zeitweise Amt der **Helferin**
- **Bandenhalterin:** sie hat besonders seelsorgerliche Fähigkeiten: eine Bande ist die Zusammenkunft von Menschen, die zueinander Vertrauen und Sympathie haben und alles voreinander aussprechen können, was ihnen auf dem Herzen oder ihrem Gewissen liegt; 1x pro Woche, abends unter einem Bandenhalter
- **Verwaltung** der Güter neben Haushalt und Gemeindearbeit
- **Verbreitung der Theologie** von Zinzendorf in den Zusammenkünften und in Liedern
- **Liederdichterin** von vielen Kirchenliedern
- **Mithilfe bei den Losungen**
- **Herrschaftshaus:** ermöglicht den Traum von Zinzendorf, ein gastfreies Haus zu haben; versorgt Arme, Kranke u Waisenhaus mit Nahrung; Bedienstete sind Mitglieder der Gemeinde und arbeiten auf Kost und Logis; **Einfluss** Erdmuthes auf die Mitarbeiterschaft
- **1736** auf Ronneburg: **Hausmutterschaft; Aufsicht** über die Burg
- **1741 – Londoner Verlasskonferenz:** Während Zinzendorf nach Pennsylvanien will, soll sich Erdmuthe mit drei anderen das Amt der „Hausmutterschaft" teilen, die Oberaufsicht über die Finanzen und das Amt des Scharniers[47] haben. Außerdem soll sie weitere Aufträge als Repräsentantin für die Herrnhuter Brüdergemeine:
  - 1. Auftrag: Ebersdorf Versöhnung (Verstimmung: Zinzendorf strebe ihrer Meinung nach eine Vorherrschaft an) - erfolgreich
  - 2. Auftrag: Reise nach Dänemark: für ihren Mann eintreten und erreichen, dass „Pilgerruh" wieder besiedelt werden darf – erfolglos
  - 3. Auftrag: Visitation in Livland – die Brüdergemeine wurde fleischlich gesinnt u wollten sich von der lutherischen Kirche lösen; Erdmuthe will sich für die Brüder in Petersburg einsetzen – aber da bereits Untersuchungskommissionen laufen, ist die Situation schwierig; sie bekommt keine Audienz bei der russischen Kaiserin, Verbot und Ausweisung der Anhänger der Brüdergemeine; evtl. Haftbefehl gegen Erdmuthe

  Erdmuthe nimmt trotz ihrer Reiseunfähigkeit ihre Aufträge ernst und erfüllt sie, so gut wie sie kann, da sie die Wichtigkeit dieser Reisen sieht. In geistlichen Dingen ist sie zögernd und verlässt sich voll und ganz auf Jesus, der ihr die richtigen Worte schenken soll und es auch tut.

- **1748** – Während Zinzendorf sich länger in England aufhalten will, übergibt er Erdmuthe und Friedrich von Watteville die Verantwortung (Generaldiakonat). Zinzendorf vertraut in die Qualitäten, das Geschick und die Gabe seiner Frau. Da

---

[46] Dazu Beyreuther: „Die gewaltige Leistung der finanziellen Unterstützung und Sicherung der sich sprunghaft ausdehnenden Reichgottesarbeit Zinzendorfs lag größtenteils in ihren Händen. Mit Klugheit und Tatkraft hatte sie diese Aufgabe übernommen, selbständig und freudig, beseelt von hohem Pflichtgefühlt. Aus ihrem Mund kam niemals eine Klage, obwohl sie ihr Leben lang überfordert wurde. Sie war eine außergewöhnliche Frau und meisterte ihre Lebensaufgabe an der Seite dieses genialen Mannes, nicht weil sie wirtschaftlich außerordentlich tüchtig war, sondern weil sie aus der tiefsten Kraftquelle ihrer Gottgebundenheit schöpfte." Beyreuther, Zinzendorf und die sich allhier beisammen finden, a. a. O., 67-68.
[47] Ein Scharnier ist unsichtbar, lautlos, unauffällig und doch unentbehrlich für jede Drehbewegung nach innen und nach außen.

Erdmuthe sehr erschöpft ist und sich nur noch nach Ruhe und Freistellung von aller Verantwortlichkeit sehnt, macht sie diese Aufgabe mit Widerwillen.

3.5 Erdmuthes und Zinzendorfers Theologie

- **Grundlagen Zinzendorfs Theologie:** lutherisch, aber andere Betonungen und auch eigener Typus; stark christozentrisch[48]
- **Bekehrung:** nicht gleich Bußkampf und Durchbruch; sondern wichtig ist das Ziel und zwar der persönliche Glaube an die Erlösung durch Christus ohne eigenen menschlichen Verdienst
- **Blut- und Wundentheologie:** „In der Blut- und Wundenfrömmigkeit verbanden sich Luthers Kreuzestheologie und die persönliche Glaubensbeziehung zu Christus."[49] Die Gläubigen leben in einer persönlichen Liebesbeziehung zu dem Gekreuzigten, in der auch romantische Gefühle eine Rolle spielen.[50]
  In ihr wurden die Leiden Christi stark betont und die Sündenerkenntnis des Menschen wich der Erlösungsfreude. Aus diesem einseitigen Verständnis der Lehre Luther über die Versöhnung, brach eine kindliche Glaubensfreude und Erlösungsgewissheit aus. Das wurde mit vielen Festen gefeiert.[51]
- **Heiligung:** Wenn ein Mensch vom Glauben an Jesus Christus erfüllt ist, so kann er gar nicht anders als in der Nachfolge Christi zu leben → bringt innere Freiheit und Gelassenheit bei vielen
- **Frömmigkeit:** im Vergleich zum hallischen Pietismus – ist Zinzendorfs Frömmigkeit noch gefühlvoller, empfindsamer und fröhlich-optimistisch[52]

Erdmuthe übernahm meistens die Theologie ihres Mannes und verbreitete sie unter die Kreise, in denen sie tätig war und den Menschen, mit denen sie zu tun hatte.

3.6 Schwierigkeiten in Erdmuthes Leben und ihr Umgang mit Leid

- **Stand aufgeben:** wollte zunächst wegen ihres Standes den Schwestern nicht die Füße waschen; erfährt aber eine Wandlung und Veränderung: wäscht den Schwestern die Füße und bietet ihnen das Du an; sie erfährt eine neue innere Freiheit; später passt sie sich auch mit den Kleidern der Schwestern an; sie ist eine Schwester unter Schwestern geworden
- **die Todesfälle:** ihrer 8 Kinder im Säuglings- oder Kindesalter; Tod von ihrem 25-jährigen Sohn
- **die Ronneburg:** die Zeit war eines der schlimmsten und schwersten Zeiten ihres Lebens
- **Doppelbelastung:** Ortsherrin in Herrenhut und Hausmutter der Pilgergemeinde

In den Liedern von Erdmuthe wird deutlich, dass sie trotz schweren und schmerzvollen Erfahrungen in ihrem Leben, ein starkes Gottesvertrauen hat. Dieses Vertrauen ist so groß, sodass sie aus der Hand Gottes alles nehmen kann.

---

[48] Vgl. K. Heussi, a. a. O., 400.
[49] N. Krückenmeier, Nikolaus Ludwig von Zinzendorf: Blut- und Wundenfrömmigkeit, vierter Absatz, Verfügbar über: http://www.passion-film.de/92.html, Datum des Zugriffs: 04.05.10.
[50] Vgl. ebd., zweiter Absatz.
[51] Vgl. H.-C. Hahn, H. Reichel (Hg.), a. a. O., 162.
[52] Vgl. K. Heussi, a. a. O., 400.

3.7 Die Bedeutung Erdmuthes für Zinzendorf und die Herrnhuter Brüdergemeine

Erdmuthe war eine selbstständige Denkerin und handelte eigenverantwortlich. Sie war dem Grafen Zinzendorf als Gegenüber gewachsen und ergänzte ihn, mit ihrer nüchternen und durchdachten Persönlichkeit. Damit war sie keine Kopie des Grafen, sondern lebte ihre Persönlichkeit und hatte ihre eigene Meinung.
Doch bei geistlichen theologischen Fragen sowie in der Gemeindleitung, hatte sie sich voll und ganz auf die Fähigkeiten und Vollmacht ihres Ehegatten verlassen. Für ihn war sie eine der wichtigsten Mitarbeiterinnen in Herrnhut.

Denn die Brüdergemeine profitierte von ihr, da sie alle wirtschaftlichen und verwaltungstechnischen Aufgaben für die Gemeine übernahm. Sie verkaufte sogar ihren Schmuck[53], um die Finanzen der Brüdergemeine wieder zu stabilisieren.[54]Neben dieser Hauptaufgabe war sie zudem auch die Leiterin unter den Schwestern und investierte ihre Zeit in die Seelsorgearbeit unter den Frauen, worin sie eine besondere Gabe hatte. Meistens wurde sie von sechs Uhr früh bis elf Uhr nachts von Ratsuchenden aufgesucht. Zudem kann der Hof des Herrschaftshauses als seelsorgerliche Erziehungsschule für Mitarbeiter bezeichnet werden, in dem sie auch ihr geistiges und religiöses Wissen weitergab.[55]

Zudem hielt die Verbindung zwischen Herrnhut und der Pilgergemeinde während Zinzendorfs Verbannung aufrecht und regierte in Herrnhut. Sie repräsentierte die Gemeinde während der Amerikareise Zinzendorfs. Ihre Hauptaufgabe In ihren letzen Lebensjahren war sie wie eine Mutter für die Herrnhuter Geschwister.

Außerdem war Erdmuthe eine Liederdichterin. Sechzig ihrer geschriebenen Lieder wurden in das Herrnhuter Gesangsbuch aufgenommen.

Nebenbei war sie vielen Frauen in Herrenhut ein Vorbild. Viele Frauen wollten so sein wie sie. [56]

4 Anna Nitschmann[57]

- **15. November 1715** – in Mähren geboren; Erweckungsbewegung und Bedrängnis der Evangelischen erlebt
- **1725** – Auswanderung nach Herrenhut/ Berthelsdorf; lebte später als Erzieherin bei Zinzendorfs; Engagement in einem Mädchenkreis
- **1730** – wurde durch das Los zur Ältestin der Schwestern erhoben: Zinzendorf erkannte ihre große geistliche Begabung und übertrug ihr die Leitung der Seelsorge an den Schwestern
- **1730** - Gründung eines „**Jungfernbundes**" von 18 Mädchen: daraus entwickelte sich später das Chor der ledigen Schwestern; 1733 später Wohngemeinschaft
- **1736** – Anfänge der **Pilgergemeine**: Zinzendorfs hilft ihr bei einer schweren Glaubenskrise; sie wird zur engsten und unentbehrlichste Mitarbeiterin Zinzendorfs, aber es gibt viele böse Gerüchte wegen Affäre; Zinzendorf lässt sich von ihrem Vater adoptieren, um weiterhin ohne Gerüchte mit ihr zusammen arbeiten zu können
- Sie arbeitete in den Gemeindeneugründungen als **Ältestin** und **Seelsorgerin** unter Frauen.

---

[53] Das war damals eine Art Lebensversicherung.
[54] Vgl. P. Zimmerling, a. a. O., 13.
[55] Vgl. ebd., 9.
[56] Vgl. ebd., 10.
[57] Diese Ausführung bezieht sich auf die Quellen E. Geiger, a. a. O., 103-105 und Vgl. H.-C. Hahn, H. Reichel (Hg.), a. a. O., 454-455.

- **Liedschreiberin** – Lieder von ihr sind in die Gesangsbücher der Gemeine aufgenommen worden
- **1757** – **Heirat** mit Graf von Zinzendorf
- **1760** – **Tod** Anna Nitschmanns

5 Herrnhuter Verständnis von der Rolle der Frau als Beitrag zur Kirchengeschichte

J. Wallmann nennt die Gründung der Herrenhuter Brüdergemeine „eine der originalsten Gestalten der Kirchengeschichte"[58]. Doch nie wäre die Arbeit und Wirkung der Brüdergemeinde in diesem Umfang und Maß möglich gewesen, wenn die Frauen der Herrenhuter nicht in die Arbeit mit integriert worden wären. Besonders Erdmuthe Dorothea von Zinzendorf und Anna Nitschmann haben dazu einen enormen Beitrag geleistet und den Streitergedanken Herrenhuts verfolgt.

Herrnhut zeigt auch heute noch, dass es möglich ist, nach dem urchristlichen Verständnis der Gleichberechtigung der Frau, die Frau aktiv in die Gemeinde- und Missionsarbeit hineinzunehmen und davon geistliche Früchte zu tragen.

---

[58] J. Wallmann, zit. bei, 2211-2213. 2211.

Literaturverzeichnis

Bücher

Beyreuther, E.: Zinzendorf und die sich allhier beisammen finden. Marburg an der Lahn: Francke, 1959.

Geiger, E.: Erdmuth Dorothea Gräfin von Zinzendorf. Ihre Lebensgeschichte. Die „Hausmutter der Herrnhuter Brüdergemeine. Holzgerlingen: Hänssler, [2]2001.

Hahn, H.-C., Reichel, H.: Zinzendorf und die Herrnhuter Brüder. Quellen zur Geschichte der Brüder-Unität von 1722-1760. Hamburg: Friedrich Wittig Verlag, 1977.

Heussi, K.: Die Herrnhuter. Kompendium der Kirchengeschichte, Bd. II. Tübingen: J. C. B. Mohr, Paul Siebeck Verlag, [12]1960 (1907).

Mayer, D.: Zinzendorf, RGG 8, 2005.

Rüttgardt, J. O.: Zinzendorf, Nikolaus Ludwig von (1700-1760), ELThG III, 1994.

Sierszyn, A.: 2000 Jahre Kirchengeschichte. Die Neuzeit. Bd. 4. Holzgerlingen: Hänssler, 2000.

Zimmerling, P.: Starke fromme Frauen. Begegnungen mit Erdmuthe von Zinzendorf, Juliane von Krüdener, Anna Schlatter, Friederike Fliedner, Dora Rappard, Eva von Tiele-Winckler, Ruth von Kleist-Retzow. Gießen: Brunnen, [4]2009.

Internet

Internet: Die Rolle der Frau im 18. Jahrhundert, Verfügbar über: http://nibis.ni.schule.de/~lessing/www11a/les_frau/paedda.html. Datum des Zugriffs: 05.05.10.

Krückenmeier, N.: Nikolaus Ludwig von Zinzendorf. Blut- und Wundenfrömmigkeit. Verfügbar über: http://www.passion-film.de/92.html, Datum des Zugriffs: 04.05.10.

Wikipedia: Zeitalter der Aufklärung. Verfügbar über: http://de.wikipedia.org/wiki/Zeitalter_der_Aufkl%C3%A4rung#Typische_Merkmale_der_Aufkl.C3.A4rung. Datum des Zugriffs: 05.05.10.